AF509626

DÉPART POUR L'ICARIE,

ou

LYON EN 1848,

Revue-Vaudeville en un acte,

PAR M. JOANNY AUGIER,

Représentée pour la première fois à Lyon sur le théâtre des Célestins,
le 3 janvier 1849.

DISTRIBUTION.

PERSONNAGES.	ACTEURS.
Godichon, Icarien.	MM. CÉLICOURT.
Le préposé aux embellissements de la ville.	LUREAU.
Un Chinois.	
Le pont Morand	FOURNIER.
Le Colisée.	POIRIER.
Le théâtre de la Guillotière	
Un douyer.	AUGUSTE.
Un chanteur	
L'armée des Alpes.	BONDOIS.
Le Café chantant.	GIRAUD.
L'homme du peuple de la place du Perron.	RION.
L'homme du peuple de la place de la Liberté.	ARTHUR.
La ville de Lyon.	Mes POIRIER.
La Folie.	G. RICHARD.
Le Jardin-d'Hiver	
La Chanson de 1848	BALLAGNY.
La République	
La Rotonde.	BEAUPRÉ.
La Cité-Napoléon	LÉOPOLDINE.
La rue Centrale	
La rue Mercière	DESROCHERS.
Une chanteuse	FEITLINGER.
Trois Pasteurs lyonnais.	ROLLIN, ERNEST, FÉLIX.
Liberté, Égalité, Fraternité	MARIA, LOUISE, AGLAE.

La scène se passe à Lyon. — Le théâtre représente un salon. Portes au fond et
latérales.

SCÈNE PREMIÈRE.

TROIS FACTEURS LYONNAIS, puis GODICHON.

(Au lever du rideau, les facteurs entrent chargés de paquets.)

ENSEMBLE.

Air :

Employés sûrs et fidèles,
Pleins de bonne volonté,
Nous sommes tous des modèles
De zèle et d'activité.

GODICHON, entrant.

C'est bien, mes amis ; c'est bien... Vous ne m'avez rien abîmé, rien égaré ? Posez tout ça là et filez votre nœud... Je dirai partout que je suis très content de la nouvelle administration des Facteurs lyonnais.

(Reprise de l'ensemble. Les facteurs déposent dans un coin les paquets et se retirent.)

SCÈNE II.

GODICHON, seul.

Le sort en est jeté !... Plus de retard, plus de bâton dans mes roues... Je pars, je quitte Lyon, je perds de vue le clocher de Fourvières, j'abandonne la rue du Plat où j'étais si bien dans mon assiette !... Abandonner mon Lyon !... Je pleure comme un veau... Mais pas de faiblesse, je l'ai juré, je l'ai fourré dans ma caboche d'ex-bonnetier... Moi, Chrysostôme Godichon, je partirai pour l'Icarie ! Je verrai cette contrée neuve, je toucherai ces bords pittoresques, je foulerai de mon escarpin ce sol vierge... O grand homme ! ô sublime homme ! qui, nouveau Christophe Colomb ou moderne Robinson Crusoé, as découvert cette terre promise du 19e siècle ! cette oasis, ce paradis terrestre, cette Icarie enfin où les alouettes tombent dans la bouche toutes rôties !... Oui, ô grand homme ! sois béni ! Je veux être un de tes plus fidèles disciples ; je veux aller vivre et mourir en ta compagnie ; je veux, à tes côtés, devenir l'Icarien-modèle, l'Icarien pur-sang !

Air du Carnaval.

Oui, pour jamais je fuis les bords du Rhône
Et de Fourvièr's j'abandonn' les coteaux,
J' fais mes adieux aux rives de la Saône,
Je n' verrai plus le quartier des Brotteaux ;
Si Lyon fut ma première patrie
Et me servit autrefois de berceau,
Avec bonheur je sens que l'Icarie
Dans l'avenir deviendra mon tombeau.

Je n'attends plus que le son de la cloche qui sonnera deux fois neuf heures à l'Hôtel-de-Ville pour passer par Vaise et franchir la barrière de ce nom... Tous les préparatifs de mon voyage sont faits... J'ai tout vendu chez moi... Et des dix mille francs que j'ai réalisés, j'ai eu l'incomparable idée d'acheter une foule d'objets de localité, une multitude d'inventions lyonnaises brevetées sans garantie du gouvernement, dont je trouverai à me défaire avantageusement chez mes nouveaux compatriotes de l'Icarie... Voyons si tout est bien là... (*Il va aux paquets déposés par les facteurs et lit sur les enveloppes :*) Engrais lyonnais, excellent pour faire pousser les carottes et les tirer au public... Appareils-Bigard, invention sous-marine destinée aux nageurs en eau douce et propre à tenir les spectateurs le bec dans l'eau... Bateaux-physiques allant sur l'eau à un quatrième étage de la rue Sainte-Hélène... Acide nitrique, empêchant les vins de Bourgogne de prendre le mal de mer... Découverte sublime d'un apothicaire... Journaux éclos au souffle de Février, et parmi eux le *Salut Public*, la feuille la plus bête du département, ce qui est fort honnête à dire... Oui, tout est bien là, et de ce pas je vais aller retenir ma place aux messageries Caillard ou nationales... (*Revenant en scène.*) Mais que dis-je aux messageries ? Dédaignons de lourdes maisons roulantes qui font à grand'peine 12 kilomètres à l'heure... Prenons plutôt avec transport, pour moyen de transport idem, le véhicule en usage cette année à l'occasion des fêtes et réjouissances lyonnaises.

Air d'Yelva.

> Oui, loin de moi l'insipide voiture ,
> Ou le cheval au trot si fatigant ,
> Je veux vraiment me donner pour monture
> L'aérostat du citoyen Arban.
> Dans ce ballon j'atteindrai l'Icarie
> Par le chemin peu fréquenté des cieux...
> Je n'ai que peur, et ça me contrarie ,
> De m'arrêter bêt'ment à Venissieux ;
> Oui, car enfin c' ballon loin d' l'Icarie
> N'a pu toucher deux fois qu'à Venissieux.

Allons , toutes mes acquisitions, toutes mes trouvailles sont bien là ; rien n'y manque...(*Avec éclat.*) Si ! il y manque quelque chose... quelque chose de transcendant, de mirobolant, d'ébouriffant... quelque chose qui ferait ma fortune, qui me poserait en Icarie... Mais ce quelque chose de fabuleux, de féerique, de fantastique, qui pourrait me le faire obtenir ?...

SCÈNE III.

GODICHON, LA FOLIE.

LA FOLIE, paraissant.

Moi !

GODICHON, surpris.

Hein ? Toi ! qui toi ?

LA FOLIE.

Moi, te dis je.

GODICHON.

Toi, qui êtes-vous ?

LA FOLIE.

Je suis la fidèle compagne de ceux qui ne sont jamais contents de leur sort, de ceux dont les désirs sont insensés, les actions déraison-

nables, les projets impraticables, de ceux enfin qui, comme toi,
échangent le certain contre l'incertain, quittent le connu pour l'in-
connu, abandonnent la première partie du monde pour la dernière,
désertent le pays de l'univers le plus beau, le plus riche, le plus fa-
vorisé du ciel, pour une contrée imaginaire, fabuleuse, lunatique...
En un mot, je suis la Folie !

GODICHON.

La Folie !

LA FOLIE.

Air : Heureux habitants. (Kettly.)

Oui, reconnais-moi,
Sur ma foi,
Je suis la Folie ;
Des pauvres humains
Je tiens en mes mains
Les destins ;
Sous les traits
Parfaits
D'une femme jeune et jolie,
Par moi l'univers
Presque toujours va de travers ;
Je rends amoureux
D'un homme vieux
La jeune fille,
Sinon l'amour brille
Au cœur
D'un vieillard radoteur ;
Je suis des auteurs,
Des inventeurs
Le doux caprice ;
Je suis protectrice
Des amants
Et des intrigants.
Parfois,
Sous mes lois,
Se fait maint et maint mariage.
Des conjoints adroits
Je ne protège point les droits ;
Mais quand deux époux,
Loin des jaloux,
Sont en ménage,
Bonsoir,
Plus de noir,
A leurs yeux je me laisse voir.
Oui, bon gré, mal gré,
Je sais rapprocher la distance.
Chaque jour,
Un tour
En mon nom se joue à l'amour ;
Mais si je préside à l'union de conve-
Je fais faire aussi l'union   [nance,
D'inclination.
Lorsqu'il faut créer
Et procréer
Quelque bêtise,

Ou quelque sottise
Aux grands mots
Si chéris des sots,
Bref, quand un journal
Banal
S'élance
Et prend naissance
Inspiré par moi,
C'est un Salut public, ma foi !
Je fais agir,
Sans rougir,
Les crétins et les cuistres,
Qu'ils soient avocats,
Magistrats,
Puissants potentats,
C'est moi qui conduis
Et qui fournis
Ces bons ministres,
Fabricants de lois,
Qui défont justement les rois.
Si, par des voleurs,
Des escroqueurs,
Certaine affaire
Dans un prospectus,
Vrai rébus,
D'un de nos crésus,
S'annonce avec art,
Le bon jobard
D'actionnaire,
Qui, sans se lasser,
Me consulte, se fait pincer.
De chaque débat,
De chaque combat
Politique,
Je suis le moteur,
L'auteur,
Le démon tentateur.
Je fais mouvoir,
Sans espoir,
De notre République
Certains prétendants,
Même certains représentants.
Oui, reconnais-moi,
Sur ma foi,
Je suis la Folie, etc (Reprise.)

GODICHON.

En vérité, vous êtes la Folie ?

LA FOLIE.

Oui, mon vieux, la Folie en personne naturelle, et je viens pour exaucer tes désirs et couronner tes souhaits.

GODICHON.

Comment ça ?

LA FOLIE.

N'as-tu pas formé le vœu tout-à-l'heure d'avoir **des** objets merveilleux à importer en Icarie ? N'as tu pas exprimé le souhait de posséder quelque chose d'admirable, d'incomparable, d'introuvable ?

GODICHON.

Sans doute.

LA FOLIE.

Eh bien ! je vais faire défiler devant toi tous les prodiges de la seconde ville de France, je vais te faire connaitre toutes les merveilles lyonnaises de l'année 1848... Tu n'auras ensuite qu'à choisir.

GODICHON *ravi.*

Il serait possible, madame la Folie ? Vous seriez assez bonne, vous m'aimeriez assez pour me favoriser à ce point ?

LA FOLIE *agitant sa marotte.*

Tu vas voir, ouvre les yeux et les oreilles.

AIR *des Huguenots.*

Enfants, amis de la Folie,
Venez, accourrez à sa voix,
Oui, la Folie
Ici vous convie.
Oui, la Folie
Parmi vous veut faire un choix.

(Musique à l'orchestre, coup de tam-tam ; le plancher s'ouvre, la ville de Lyon paralt costumée en habit moyen-âge, écusson aux armes de la ville sur le côté de la robe, couronne murale en tête, sceptre du commerce en main.)

SCÈNE IV.

LES PRÉCÉDENTS, LA VILLE DE LYON.

GODICHON.

Oh ! quelle est cette belle dame ?

LA FOLIE.

Je ne la connais pas.

GODICHON.

Comment ?...

LA VILLE DE LYON.

C'est bien simple ; ce n'est pas moi que la Folie a évoquée, car je n'aurais pas répondu à son appel.

LA FOLIE.

Qui êtes-vous donc, Madame ?

LYON.

La Ville de Lyon.

LA FOLIE.

La Ville de Lyon?

GODICHON, *à part.*

Le fait est que la Ville de Lyon et la Folie n'ont rien de commun ensemble.

LA FOLIE.

Mais enfin que venez-vous faire ici?

LYON.

Je viens faire ce que tu prétends faire toi-même; je viens évoquer mes enfants de cette année et faire apparaître une dernière fois ce que j'ai vu naître en 1848.

LA FOLIE.

Vos enfants?

LYON.

Certes! si la Folie a des objets qu'elle peut offrir en pâture au sourire et au ridicule, Lyon a des choses qu'elle peut présenter aux bravos et à l'admiration.

GODICHON, *joyeux.*

Quel bonheur! j'aurai double spectacle.

LA FOLIE, *irritée.*

Allons donc! je ne souffrirai pas qu'une rivale sans mérite, sans antécédents...

GODICHON.

Sans mérite? oh! c'est trop fort.

LYON, *dédaigneusement.*

Sans antécédents, insensée que tu es!

Air *des Comédiens* (1).

O déité folle et volage, arrière!
Rejoins les sots de ton sourire épris
Quand la cité de tout temps libre et fière
Daigne paraître à tes regards surpris.
Tirant mon nom de la langue celtique
On m'appela tout d'abord Lugdunum,
Et sur mon sol vierge et démocratique
Un vieux Romain planta le labarum.
Un citoyen de la reine du monde,
De cette Rome admirée à jamais,
En me fondant sut me rendre féconde.
Merci, Plancus, pour tes premiers bienfaits!
Par mes remparts et mes larges portiques
Mise à l'abri des conquêtes des rois,
Je fus bientôt l'un des berceaux antiques
De nos aïeux les robustes Gaulois.
Mais sous Néron et sous Trajan païenne,
Sacrifiant aux autels des faux dieux,
De saints pasteurs me rendirent chrétienne,
Et j'adorai le vrai maître des cieux.

____

(1) Ce couplet de facture a été supprimé à la deuxième représentation.

J'étais alors ville libre et hardie,
Redoutant peu les dangers et l'affront,
Quand trois fléaux, peste, guerre, incendie,
Dans la poussière abaissèrent mon front.
Ah ! désormais, plus de chance fatale,
Loin de mes murs s'éloigne tout danger ;
De la Bourgogne on me fait capitale ,
Car Charlemagne a su me protéger.
Mais, franchissant des siècles la durée,
Et dédaignant des faits moins glorieux,
Rappelons-nous que je fus honorée
Par maint et maint héros victorieux ;
Rappelons-nous aussi qu'en mon enceinte ,
De la valeur n'écoutant que la loi ,
Le chevalier sans reproche et sans crainte
Fut le vainqueur d'un superbe tournoi.
Souvenons-nous de ces mœurs si gentilles ,
Et de ces temps si remplis de gaîté ,
Où chaque jour mes femmes et mes filles,
Seules, gagnaient le doux prix de beauté.
Salut à vous, Louise la Cordière ,
Vous si savante et si belle à la fois.
Qui tour à tour saviez, joyeuse et fière,
Charmer les clercs et séduire les rois.
Ne parlons point de certaines annales
Que de l'histoire en vain je veux bannir ;
De faits honteux et de scènes fatales
Ah ! s'il se peut, perdons le souvenir !...
Honte à jamais au ministre sévère ,
Au cardinal si craint et si puissant ,
Qui put choisir ma cité tutélaire
Pour y verser un pur et digne sang!
O vous ! de Thou, Cinq-Mars, amis d'enfance,
Vous dont le sang coula sur les Terreaux,
Pardon, hélas ! si pour votre sentence ,
Lyon trouva d'inflexibles bourreaux !
D'un siége affreux, d'une époque homicide,
Faut-il ici retracer les tableaux ?
Non... d'une lutte impie et fratricide,
Ne faisons pas revivre les héros ;
O mes enfants de l'an quatre-vingt treize,
Qui, dans un jour d'imprudence et d'oubli,
Avez maudit la nation française,
Et de colère, hélas ! avez pâli...
Rassurez-vous dans votre immense tombe,
Du sang versé s'est arrêté le cours ;
On ne veut plus de sanglante hécatombe,
Et les Français sont frères pour toujours.
Plus de terreur, plus de sang, plus d'alarmes.
Un général, un héros au grand cœur
Surgit et vient sécher toutes nos larmes ;
Des étrangers Bonaparte est vainqueur !
Deux fois de suite il franchit mes murailles
En déployant son immortel drapeau ;
Il nous redit le succès des batailles
Des Pyramid's, d'Aboukir, d' Marengo !
Plus de rivaux, plus de partis acerbes.

Par l'empereur tous mes maux sont finis.
Mes monuments, mes façades superbes
Ne jonchent plus le sol de leurs débris ;
Mais l'aigle, hélas ! tout fatigué de gloire,
Succombe et meurt après mille combats ;
Napoléon, trahi par la victoire,
Fait ses adieux à ses vaillants soldats.
De l'ile d'Elbe accourant vers la France
Dont il connait le déplorable sort,
Quand vers Paris l'aigle vole et s'élance,
Par des vivats moi je l'accueille encor ;
A ce retour, le dernier, le suprême,
Je me souviens que le grand empereur
Dit à mes fils : « Lyonnais, je vous aime! »
Et ces mots-là sont gravés dans mon cœur.
Pendant quinze ans je supporte avec peine
Une insipide et vieille royauté...
Juillet parait ! En secouant ma chaine,
Je me réveille au cri de : Liberté!
Sans hésiter, sans craindre une autre injure,
Pleine d'espoir, hélas! et sans regrets,
J'accueille un roi sacrilége et parjure,
Un roi menteur aux serments qn'il a faits.
Ce sont encor de nouvelles alarmes,
C'est de nouveau la guerre avec les rois.
Rapidement je ressaisis mes armes,
Et je suis prête à défendre mes droits.
Mais de Paris part un signal magique ;
A ce signal que les airs ont porté,
J'entends ce cri : Vive la République!
Vive à jamais, vive la liberté!
O déité folle et volage! arrière!
Rejoins les sots de ton sourire épris
Quand la cité de tout temps libre et fière
Daigne paraitre à tes regards surpris.   (*Reprise.*)

GODICHON.

En voilà une histoire! O Ville de Lyon! je vous aime, je vous admire et je m'agenouille devant vous !

LYON.

A la bonne heure.

LA FOLIE.

Oui; mais moi je ne me rends pas ainsi, et je prétends lutter avec ma rivale.

LYON.

A l'œuvre donc, Folie que tu es! A toi d'appeler tes créatures, à moi de faire paraitre mes créations.

AIR PRÉCÉDENT.

ENSEMBLE.

Enfants, amis de votre ville,	Enfants, amis de la Folie,
Venez, accourez à sa voix ;	Venez, accourez à sa voix ;
Oui, votre ville,	Oui, la Folie
En talents fertile,	Ici vous convie,
Oui, votre ville	Oui, la Folie
Parmi vous veut faire un choix.	Parmi vous veut faire un choix.

SCÈNE V.

LES MÊMES, LE PRÉPOSÉ AUX EMBELLISSEMENTS DE LA VILLE
(costumé en maçon).

LE PRÉPOSÉ.

Air *du Maçon*.
Sans courage
A l'ouvrage,
Je ne fais rien   (*bis*)
De bien.

GODICHON.

Quel est ce personnage?

LA FOLIE.

C'est un architecte.

LYON.

C'est un maçon.

LE PRÉPOSÉ.

C'est le préposé aux embellissements de la ville.

Air.

A tous ornements,
Embellissements
De la ville.
Je suis préposé;
Mon travail est peu mal aisé.
En gens
De talents
Quoique Lyon soit très fertile,
Je ne sais comment,
Rarement
L' public est content.
Notr' pavé pointu,
Vu
Tous les grands progrès
Faits,
Ne devrait pas,
Hélas!
Rester désormais;
Mais
Depuis quarante ans je promets
Que notre chaussée
Sera remplacée
Et l' pavé mis
Comme à Paris.
N'admirez-vous pas
Les appas
D' la place d' l'Herberie,
Les démolitions
De ses vieill's baraqu's de maisons?
Mais, Dieu!
Sur le lieu
De notre ancienne boucherie,
Qu'on devait élargir
On a la rage de bâtir.
Nos vastes emplacements

Et nos plus beaux monuments,
En dépit de nos meilleurs
Sculpteurs
Ou décorateurs,
Sont livrés au hasard,
Car
De Jacquard
La statue
D'vrait être abattue
Pour être refaite avec art.
Le major Martin
Se plaint
Et geint
De son martyre;
Il soupire,
Enfin
De son destin
Plus qu'incertain.
O major!
Ton sort
Est maussade :
Sous une arcade
On t'a transporté,
Je pense, pour l'éternité.
Les quatre lions,
Bons,
Si ronds,
D'un de nos ponts,
Ont, de force quel tour!
Vu tour à tour
Le jour,
Rugissant,
Grondant,
Fronçant
Leur crinière

De pierre,
Epouvantant
Le passant,
Le vieillard et l'enfant.
J'ai laissé dépérir
Et mourir
Ces grands arbustes
Aux bustes
Fêtés
De nos déesses Libertés ;
Ces arbres chéris,
Bénis,
A l'ombrage,
Au feuillage
Joyeux
Pour les yeux,
Devaient réjouir nos neveux.
Du quai Saint-Vincent
Quand
L'élargissement
Lent,
Depuis si long-temps né,
Sera-t-il terminé ?
On laissera
Là
L'ancien
Méridien,
L'Uranie

Fort jolie,
Hélas !
Quand sa têt' n'était pas à bas ;
Deux
Bronzes fameux,
Quoique vieux,
Le Rhône
Et la Saône,
OEuvre de Coustou,
Se morfondent dans un vrai trou ;
Et du bon Cléberg,
Qui nous est si cher,
La statue
Reste revêtue
De planches été comme hiver ;
Quoique possédant ici
Les richesses, Dieu merci,
De fleuves larges et beaux...
A la lettre, on manque d'eaux,
Fait honteux,
Piteux !
On n'a pour fontaine
Inhumaine
Que le petit monument
De la place Saint-Jean.
A tous ornements,
Embellissements, etc.
(Reprise.)

GODICHON.

Avec tout ça, citoyen maçon, vous ne parlez pas de la statue équestre de la place Bellecour.

LA FOLIE.

Celle qui a engendré tant de discussions, fait naître tant de querelles pour ou contre son renversement.

LE PRÉPOSÉ, vivement.

Chut ! ne parlons pas de ça, ça brûle.

LYON.

Il est vrai, ça a été jadis une question brûlante... Mais écoutez :

Air du vaudeville des *Deux Edmond*.

Si dans ce cheval et cet homme
Le peuple ne voyait en somme
Qu'un imbécile souverain...
Ah ! brisons vite cet airain.
Mais s'il rappelle à la mémoire
Un siècle d'esprit et de gloire,
Un peu de mal, beaucoup de bien...
Amis, ne brisons rien.

Oui, si dans cette circonstance
Il ne s'agit que d'un roi d' France,
Despote, orgueilleux, insensé,
Que ce bronze soit renversé !
Mais c'est l'ornement d'une ville,
Le travail d'un artiste habile
Et l'œuvre d'un concitoyen...
Amis, ne brisons rien.

LE PRÉPOSÉ.

Je ne dis pas le contraire. Mais adieu, j'ai trouvé le moyen d'aplanir nos côtes, et je cours... (*Fausse sortie.*)

CODICHON.

Nos côtes ?

LE PRÉPOSÉ, *revenant.*

Oui, la grande d'abord, puis celles de Saint-Sébastien et des Carmélites... Je veux que Lyon puisse sans peine tendre la main à la Croix-Rousse, et réciproquement.

CODICHON.

Ami maçon, si jamais tu réussis dans cette œuvre grandiose...

LE PRÉPOSÉ.

Eh bien ?

CODICHON.

Eh bien ! tu ne seras plus maçon ni architecte ; tu seras un demidieu !

LE PRÉPOSÉ.

Un demi-dieu !... Adieu, je cours mériter ce titre honorifique.

AIR PRÉCÉDENT.

Sans courage
A l'ouvrage,
Je ne fais rien   (*bis*)
De bien.

(*Le préposé sort.*)

SCÈNE VI.

LES PRÉCÉDENTS, LE COLISÉE, LA ROTONDE.

CODICHON.

Savez-vous que ce monsieur m'a tout l'air d'un mauvais farceur?

LYON.

Sans doute.

LA FOLIE.

Allons donc !

CODICHON.

Il n'y a pas d'allons donc; même qu'il a encore oublié de nous parler de certain pont, de certaine œuvre gigantesque rêvée par nos édiles.

LA FOLIE.

Ah ! oui, je me souviens.

AIR : *Qu'il est flatteur d'épouser celle,* etc.

Oui, de la Croix-Rousse à Fourvière
Un pont immense est projeté.

CODICHON.

Combien ce pont va rendre fière
Notre belle et chère cité !
Mais de ce monument énorme,
Qui depuis long-temps nous est dû,
Je ne puis deviner la forme...

LYON.

Mon cher, c'est un pont suspendu,
Indéfiniment suspendu.

LA FOLIE.

Silence ! Les deux personnages que je vois venir feront oublier le préposé aux embellissements de la ville.

GODICHON.

Je l'espère; en tout cas, ce n'est pas ce maçon que j'emmènerai en Icarie.

(Entrée du Colisée et de la Rotonde se donnant la main.)

ENSEMBLE.

LE COLISÉE ET LA ROTONDE.

Air de la *Sirène.*

Des aimables loisirs
Suivant la loi charmante,
Je ravis et j'enchante
Par mes riants plaisirs.

LE COLISÉE.

Colisée élégant !

LA ROTONDE.

Rotonde gracieuse !

LE COLISÉE.

Je rends la femme heureuse !

LA ROTONDE.

Je rends l'homme charmant !

(*Reprise ensemble.*)

GODICHON.

Ah ! monsieur, vous êtes le Colisée?

LE COLISÉE.

Joli, gentil, à la dernière mode, comme vous pouvez le voir.

GODICHON.

Et madame est la Rotonde ?

LA ROTONDE.

Grasse et grosse commère, ainsi qu'il vous est loisible d'en juger.

GODICHON.

Ah ! monsieur le Colisée, madame la Rotonde serait-elle votre épouse ?

LE COLISÉE.

Oh! épouse de la main gauche... en tout cas, séparée de corps et de biens.

GODICHON.

Que voulez-vous dire ?

LE COLISÉE.

Je veux dire que nous vivons chacun de notre côté... Madame a ses amants... moi, j'ai mes maîtresses... et, malgré tout, nous vivons en parfaite intelligence.

GODICHON.

Je me suis laissé dire que vous étiez à peu près semblables par le genre, le caractère, les plaisirs que vous offriez.

LE COLISÉE.

D'accord ; mais moi je suis plus jeune, plus aimable, plus brillant.

LA ROTONDE.

Moi, je suis plus vive, plus gaie, plus sans-gêne.

LE COLISÉE.

Air de Turenne.

Sur la beauté j'exerce un doux empire;
A mon appel le beau sexe enchanté
S'élance et vient. plein d'un ardent délire,
Auprès de moi chercher la volupté.

LA ROTONDE.

Moi, pour le vif, l'impétueux jeune homme,
J'ai des plaisirs et des charmes secrets...
Et, fasciné, séduit par mes attraits,
    Tremblant, il m'accorde la pomme.

LE COLISÉE.

Mes décors charment les yeux.

LA ROTONDE.

Ma rotondité plait à l'œil.

LE COLISÉE.

Je pince le cancan avec un chic sans égal.

LA ROTONDE.

Je chaloupe avec une grâce inimitable.

LE COLISÉE *à Godichon.*

Savez-vous ce que c'est que le cancan, vieillard ?

GODICHON.

Pas le moins du monde.

LA ROTONDE (*même jeu*).

Ignorez-vous les éléments de la chaloupe, homme âgé ?

GODICHON.

Parfaitement.

LE COLISÉE.

Eh bien ! je veux vous donner une légère idée de cette danse vo-
luptueuse et excentrique.

LA ROTONDE.

Je prétends vous initier à ce pas vaporeux et chorégraphique.

LYON.

Ce sera magnifique.

LE COLISÉE.

Attention, Rotonde de mon cœur.

LA ROTONDE.

Colisée, mon chéri, je suis prête.

LA FOLIE.

En avant la musique !

ENSEMBLE.

Air : Quadrille de Musard.

Allons, plaçons-nous gentiment.
    Vraiment,
    Ça sera charmant
    Et ravissant !
    Tous deux,
    Gracieux,
    De notre mieux,
Ici, nous voulons plaire aux yeux !

LE COLISÉE *dansant*.
Admirez mon maintien!

LA ROTONDE (*même jeu*).
Regardez-moi bien.

GODICHON.
Oh! pittoresque danse!

LA ROTONDE.
Ah! ne trouvez vous pas
Ce pas
Plein d'appas?

GODICHON.
Et rempli de décence.

(Reprise ensemble; figure de cancan dansée par le Colisée et la Rotonde.)

LE COLISÉE *à Godichon*.
Eh bien! qu'en dis-tu?

LA ROTONDE.
Comment trouves-tu ça?

GODICHON.
Je trouve ça un peu risqué.

LE COLISÉE.
Viens donc aux Brotteaux, et tu m'en diras d'autres nouvelles.

LA ROTONDE.
Passe le pont Morand, et tu verras ce que je te réserve.

LE COLISÉE.
Aie soin de tourner à gauche.

LA ROTONDE.
Fais attention de tourner à droite.

(Godichon est tiré à droite et à gauche par le Colisée et la Rotonde.)

GODICHON.
Ah! mais vous me tiraillez que ça passe la permission... Vous agissez envers moi absolument comme les patrons de nos bateaux à vapeur en concurrence avec les pauvres voyageurs partant pour Châlon... Colisée, tenez-vous à l'écart... et vous, Rotonde, ne me donnez pas des crises de nerfs...

LE COLISÉE.
Oh! le vieux crétin!

LA ROTONDE.
Eh! la vieille ganache!

LE COLISÉE.
Il est d'un arriéré!

LA ROTONDE.
Il est d'un rococo!

LE COLISÉE.
Heureusement que, loin de l'imiter, tout Lyon m'adore et me fréquente.

LA ROTONDE.
Heureusement que, plus spirituels que ce monsieur, tous les Lyonnais m'idolâtrent et ne peuvent se passer de moi.

GODICHON.
Je ne dis pas le contraire.

LA FOLIE.

Voyons, il s'agit de faire un choix entre ces concurrents.

LYON.

Il faut désigner celui des deux que tu emmèneras en Icarie.

GODICHON.

En vérité, je suis fort perplexe.

LE COLISÉE.

Allons, frappons le grand coup... Vieillard, tu n'hésiteras plus quand je t'aurai prouvé que chez moi la danse seule ne règne pas en souveraine, et que je n'offre pas, ainsi que ma rivale, un plaisir unique.

LA ROTONDE.

Comment?...

GODICHON.

Que voulez-vous dire?...

LE COLISÉE.

Apprends que parfois je me transforme en cirque, et que j'appelle en mon sein les écuyers les plus adroits, les plus agiles des quatre parties du monde.

GODICHON.

Ah! bah!

LE COLISÉE.

Veux-tu que je te donne un échantillon des derniers centaures que j'ai présentés à l'admiration du public lyonnais?

GODICHON.

Je crois bien!

LE COLISÉE (*à la cantonnade*).

Holà! cavalier superbe! écuyer imcomparable! vous qui savez si bien ployer, courber et disloquer un cheval... paraissez!

SCÈNE VII (1).

LES PRÉCÉDENTS, UN ÉCUYER.

(Cavalier imitant sur un cheval de carton, par le costume, la tenue, le maintien, les manières et les exercices, le principal écuyer du Cirque lyonnais.)

L'ÉCUYER, *entrant.*

Air.

Au p'tit trot!
Au galop! (*bis*)
Je m'avance
Et recule en cadence,
Au p'tit trot!
Au galop! (*ter.*)
Qu'on applaudisse en moi
Des écuyers le roi!
Qu'on tremble de fâcher
Le célèbre Baucher!
Au p'tit trot!
Au galop! (*Reprise. — Sur cette reprise,*
        exercices divers)
Je possède vraiment
Un talent écrasant,

---

(1) Scène retranchée depuis la première représentation de cette revue.

Et je suis sans rival
Pour crever un cheval!
Au p'tit trot !
Au galop ! etc.   (*Reprise.*)

Vous le voyez, Messieurs, je façonne ce noble coursier à ma guise ; je le broie, je l'éreinte, je le dompte, je le pétris, j'en fais de la chair à pâté... Entre mes jambes, un cheval n'est plus un cheval : c'est un animal amphibie, antédiluvien ; c'est une bête à quatre pattes inconnue, incompréhensible, fabuleuse, mythologique... Bref, pour dresser un cheval, à moi le coq !

Air du *Premier prix.*
Oui, du cirque j'étais le maître,
Du public j'étais le bijou,
Et quand je daignais apparaître,
Vraiment, c'était un succès fou !
On m'applaudissait Dieu sait comme,
On me trouvait pyramidal.

LA ROTONDE.
Bah! les bravos donnés à l'homme
Revenaient de droit au cheval.

L'ÉCUYER.
Ah ! ah ! ma mie, vous m'attrapez parce que je ne vous ai pas prise pour le lieu de mes exercices ; mais ça ne me démonte pas, car c'est la jalousie qui vous fait babiller... Ce qui est palpable, c'est que j'ai enrichi le Colisée, votre rival, avec mes directeurs, MM. Soullier.

LA ROTONDE.
A propos de Soullier, on pourrait vous porter plus d'une botte.

L'ÉCUYER.
Oh ! c'est trop fort, Rotonde acariâtre, et si je ne me me retenais, je vous passerais sur le corps avec mon *Turban* dont chacun était coiffé.

LA ROTONDE, *se posant.*
Essayez donc !

LE COLISÉE.
Non, pas de tour de force ici.

L'ÉCUYER.
Au fait, je respecte son embonpoint à cette Rotonde, et je pars... d'autant plus que jamais cheval, fût-ce mon *Partisan*, ne pourrait franchir pareil obstacle.

LA ROTONDE *avec dédain.*
Maquignon, va !

L'ÉCUYER.
AIR D'ENTRÉE.
Au p'tit trot!
Au galop! etc.

(Il sort en faisant caracoler son cheval.)

SCÈNE VIII.

LES MÊMES, moins L'ÉCUYER.

LA FOLIE.
Maintenant, Godichon, mon ami, que décides-tu?

GODICHON.

Je ne décide rien... Je trouve l'un très engageant et l'autre fort
appétissante... et je ne manquerai pas, avant de partir, de porter
ma carte chez monsieur et d'aller visiter madame.

LYON.

Et tu feras bien.

LE COLISÉE, *à part.*

Allons ! ce bourgeois n'est pas trop épicier.

LA ROTONDE, *même jeu.*

Ce petit vieux est moins ratatiné que je ne croyais.

LE COLISÉE, *haut à Godichon*

Souvenez-vous que je pose à gauche du cours Morand.

LA ROTONDE.

N'oubliez pas que je trône à droite de la grande allée des Brotteaux.

LE COLISÉE.

Air du *Siége de Corinthe.*
Je m'en vais avec l'assurance
Que chez moi ce vieux dansera.

LA ROTONDE.
A ce vieux je garde une danse
Dont toujours il se souviendra.
(Reprise. — Le Colisée et la Rotonde sortent.)

SCÈNE IX.

LES PRÉCÉDENTS, LE PONT MORAND.

LE PONT, *sous la figure et le costume d'un mendiant, accourant du côté
opposé à celui par où sont sortis le Colisée et la Rotonde.*
Arrêtez-les ! arrêtez-les ! arrêtez les !

GODICHON.

Arrête qui ?

LE PONT MORAND.

L'homme et la femme qui vont passer sur moi sans payer.

GODICHON.

Passer sur vous !

LE PONT MORAND.

Hélas !

GODICHON.

Qui êtes-vous donc ?

LE PONT MORAND.

Un pauvre homme du bon Dieu, un malheureux mendiant, un
infortuné vieillard, âgé de 74 ans, qui a passé sa vie à demander
l'aumône à tout le monde... (*D'un ton pleureur.*) Deux petits liards
s'il vous plaît, mes bonnes âmes charitables ! deux petits liards pour
l'amour de Dieu !

GODICHON.

Pas un centime avant que je ne sache qui vous êtes.

LE PONT MORAND.

Je suis le pont Morand.

GODICHON.

Le pont Morand !

LA FOLIE, *riant*.

En chair et en os.

CODICHON.

Je croyais qu'il n'était qu'en bois.

LYON, *riant*.

Et tout le monde lui jette la pierre.

CODICHON.

Il est pourtant assez dur sans ça.

LE PONT MORAND.

Dur... parce que je veux mon péage, parce que je réclame mon dû, parce que j'exige ma perception... Ah! c'est fini, n'y a plus de charité sur la terre.

CODICHON.

Allons, mon brave homme, vous voulez rire... Depuis le temps que chaque passant vous fait l'aumône, vous devez être riche, richissime.

LE PONT MORAND.

Riche, moi!... Et mon entretien? Et mes réparations? Et le créancier sans entrailles acharné à ma poursuite?

CODICHON.

Un créancier?

LE PONT MORAND.

Pardine ! le Rhône, ce gueux de Rhône, qui me donne la goutte, qui me procure des rhumatismes , qui m'écorche, qui me mine, qui veut ma débâcle.

LA VILLE DE LYON.

Bah ! vous êtes solide.

LE PONT MORAND.

Je suis très faible de constitution, au contraire. J'ai eu déjà plusieurs atteintes, et un de ces quatre matins, ben sûr que ce brigand de Rhône m'enverra à l'Hôpital ou à la Charité.

CODICHON.

En ce cas, vous ne la demanderez plus.

LE PONT MORAND.

Qu'est-ce que je ne demanderai plus?

CODICHON.

La charité.

LE PONT MORAND.

Oh ! faire des calembours sur ma misère ! se livrer à des coqs-à-l'âne sur ma profonde panne! C'est affreux! c'est épouvantable! c'est petit!

LA FOLIE.

Pont Morand, mon vieux, ne geignez pas ; vous êtes plus heureux que vous ne le méritez.

LE PONT MORAND.

Heureux , moi !

LA FOLIE.

Sans doute; si l'autorité faisait son devoir...

LE PONT MORAND.

Elle forcerait le passant à me donner deux liards.

CODICHON.

Elle vous enverrait au dépôt de mendicité.

LE PONT MORAND.

Au dépôt, moi !

CODICHON.

Tiens ! n'êtes-vous pas mendiant?

LE PONT MORAND.

Je le suis, c'est vrai.

LA VILLE DE LYON.

Eh bien ! la mendicité est interdite.

LE PONT MORAND.

Ça m'est égal, car je ne suis pas un mendiant ordinaire, un vagabond, un sans feu ni lieu... Je suis établi en vertu d'une ordonnance, je suis patenté depuis 1774, je paye enfin mes droits fonciers et de stationnement.

CODICHON.

Alors, je le disais bien, vous êtes riche.

LE PONT MORAND.

Je suis très pauvre.

CODICHON.

Il est temps que vous consentiez à être gratuit.

LE PONT MORAND.

Vous voulez donc que je n'aie plus d'eau à boire ?

LA FOLIE, *riant*.

Vieux blagueur, va!

LE PONT MORAND.

Air du *Dieu des bonnes gens*.
De ma misère, hélas ! et d' ma détresse,
Prenez pitié, charitables passants;
Compatissez d'ailleurs à ma vieillesse,
Et respectez mes cheveux gris et blancs.

CODICHON *à la Folie*

Sur lui, vraiment, ne fait-on que médire
Depuis dix ans ?

LA FOLIE.

Non, mon cher, tout Lyon
A ce sujet, malgré tout c' qu'il peut dire,
Ne coupe dans le pont.

LE PONT MORAND.

Décidément, vous ne voulez pas me faire la charité ?

TOUS.

Non.

LE PONT MORAND.

Vous refusez de donner les deux liards que je demande ?

TOUS.

Oui.

LE PONT MORAND.

Eh bien ! que le bon Dieu vous patafiole!

TOUS, *riant*.

Merci.

LE PONT MORAND (*fausse sortie*).

N'importe, je ne vous tiens pas quittes, piétons lyonnais... Vous aurez beau faire et beau dire, je mendierai toute ma vie, je tendrai

la main jusqu'à ma démolition ; vous me donnerez deux liards tant
que dureront mes piles et ma face.

CODICHON.

C'est le revers de la médaille.

LE PONT MORAND (*s'en allant, d'un ton de mendiant*).

La charité, s'il vous plaît, bonnes âmes charitables... deux petits
liards pour l'amour de Dieu !

(Il sort en répétant dans le lointain ces derniers mots.)

SCÈNE X.

LES PRÉCÉDENTS, LE JARDIN-D'HIVER.

CODICHON.

A t-on jamais vu un individu aussi bas et d'aussi impudent que ce
particulier-là ?

LA FOLIE.

Le fait est qu'il ne vaut pas deux liards.

LYON.

C'est possible ; mais voici quelqu'un qui mérite de faire fortune.

CODICHON.

Qui donc?

LE JARDIN-D'HIVER, *paraissant.*

Le Jardin-d'Hiver.

Air de *la Favorite.*
Des habitants de la ville
Je suis le charmant asile.
A Lyon, pour mon séjour
Chacun est rempli d'amour.
Dans mon agréable enceinte,
Vite, qu'on vienne sans crainte ;
Sous mes pas naît le désir,
Dans mes murs gît le plaisir!
    Des habitants, etc.

Dans mon gracieux empire
Règne un enivrant délire ;
J'ai su remettre en honneur
Le sourire et le bonheur.
    Des habitants, etc.   (*Reprise.*)

CODICHON.

Ah ! vous êtes le Jardin-d'Hiver?

LE JARDIN-D'HIVER.

Oui, Monsieur... et vous me voyez là, brillant, gracieux et paré,
comme je le suis pour mes fêtes solennelles et extraordinaires.

CODICHON.

Vous êtes adorable.

LA FOLIE.

Admirable.

LYON.

Ravissant.

LE JARDIN-D'HIVER.

Le fait est qu'on me trouve charmant.

CODICHON.

Eh ! eh ! vous n'êtes guère modeste.

LE JARDIN-D'HIVER.

De la modestie... à quoi bon ! Je sais ce que je vaux... D'ailleurs,
les louanges universelles m'ont gâté quelque peu.

GODICHON.

Au moins, voilà de la franchise.

LE JARDIN.

Oh ! la franchise, c'est mon fort... Je ne mens jamais... et quand
je promets des plaisirs nouveaux, lorsque j'annonce par mes affiches
des distractions nouvelles, on peut m'en croire et accourir chez moi
sans arrière-pensée, sans inquiétude.

GODICHON.

Oui, j'ai beaucoup entendu parler de vous, et en bien.

LE JARDIN.

Comment en serait-il autrement ?

Air du *Charlatanisme*.
Vraiment je n'ai que des flatteurs,
Et, sans redouter la critique,
A nos beautés j'offre mes fleurs,
Aux dilettanti ma musique !
Si pour les enfants j'ai cent jeux,
Pour les vieilards j'ai mille choses
Qui les rendent contents, heureux,
Et je conduis les amoureux
Par des sentiers semés de roses.

GODICHON.

Que je m'en veux de n'avoir pas encore foulé vos gazons !

LE JARDIN.

Il vous faudra réparer cet oubli, vous faire absoudre de ce crime
de lèse-plaisir...

GODICHON.

Comment cela ?

LE JARDIN.

Dam ! en venant au plus tôt me visiter et accroître le nombre de
mes admirateurs.

GODICHON.

Oh ! je vous trouve si joli, si gentil, si aimable, que si vous l'exi-
giez, je renoncerais, pour vous plaire, à mon départ pour l'Icarie.

LA FOLIE.

Voyez vous l'empire que la beauté a sur les faibles humains !

LA VILLE DE LYON.

C'est que la beauté est la seule reine en ce monde que les révolutions ne détrônent pas.

LE JARDIN.

Je l'espère bien... D'ailleurs, qui voudrait ici la ruine du Jardin-
d'Hiver ?

LA VILLE DE LYON.

Ce n'est pas moi que vous embellissez.

LA FOLIE.

Ce n'est pas moi, puisque vous faites tourner tant de têtes.

GODICHON.

Ce n'est pas moi non plus, qui suis en extase devant vos attraits, et
qui vous aime, vous adore comme...

LE JARDIN, *vivement.*

Comme tous les Lyonnais !

Air de Paul Henrion.

Riant, joyeux et plein de charmes,
Par moi désormais plus de larmes ;
Chacun ici me rend les armes
Et dans mon séjour
Accourt
Tour à tour.
Les amants parfois
Subissent mes lois,
Et, poussés par l'exemple,
Franchissent mon temple
Aux endroits secrets,
Aux réduits obscurs, indiscrets.
Riant, joyeux, etc.
De la mélodie
Et d'harmonie
Génie,
Mon enceinte en tout temps
Retentit de doux chants ;
Merveille,
A la fois charmant l'oreille,
Les yeux,
Le toucher, l'odorat, par moi l'on est heureux.
Riant, joyeux, etc.   (*Reprise.*)

GODICHON, *ravi.*

Oh ! la joie, la gaieté, le plaisir, ce sont là de puissants attraits.

LE JARDIN D'HIVER.

Dont j'espère bien tirer parti toujours... Je n'ai été triste qu'une
fois, il y a deux mois à peine... le jour où j'ai appris que des char-
mantes jeunes fille qui avaient présidé à mon inauguration, des deux
célèbres artistes, des deux sœurs Milanollo enfin, l'une, la plus jeune,
avait succombé.

GODICHON.

O ciel !

LE JARDIN-D'HIVER.

Air du *Pot de fleurs*.

Oui, des deux sœurs qui savaient si bien plaire
Par leurs grâces et leurs talents,
Hélas ! l'une est morte naguère,
Bien jeune encor... elle comptait seize ans.
O Maria ! des célestes phalanges
Si tu devins si jeune l'ornement...
C'est qu'il manquait un exécutant,
Là-haut, dans le concert des anges.

GODICHON.

O joli Jardin-d'Hiver, vous êtes vraiment une des créations lyonnaises les plus heureuses, et je jure à vos pieds non seulement d'aller
vous voir, mais encore de vous emporter en Icarie.

LE JARDIN-D'HIVER.

En Icarie, merci ! je me trouve trop bien aux Brotteaux,
et j'y retourne, décidé à n'être pas ingrat et à ne jamais quitter la
cité qui m'a vu naître et dont je suis l'enfant chéri.

LA VILLE DE LYON.

A la bonne heure !

LE JARDIN D'HIVER.

Air de *la Favorite*.

Des habitants de la ville
Je suis le charmant asile, etc.

(Reprise de l'air d'entrée. Le Jardin-d'Hiver sort.)

SCÈNE XI.

LES MÊMES, LE CAFÉ CHANTANT ET TROIS CHANTEURS.

GODICHON.

Allons, c'est fini, me voilà fou du Jardin-d'Hiver ; mais qui vais-je admirer maintenant ?

LA FOLIE.

Entends-tu ces roulades ?

GODICHON.

Dam ! à moins d'être sourd... Serait-ce un charivari ?

LA FOLIE.

Fi donc ! cela t'annonce les virtuoses qui chaque soir font retentir les échos de la place des Célestins.

LA VILLE DE LYON.

Charmant parfois l'oreille, déchirant souvent le tympan des auditeurs.

LE CAFÉ CHANTANT, *entrant.*

Comme tous les chanteurs possibles, Monsieur... témoin tels et tels que ne veux pas nommer... Mais mes chanteurs, Monsieur, sont parfaits, excellents, divins... Bref, mes chanteurs sont enchanteurs.

GODICHON.

Il serait possible !

LE CAFÉ.

Demandez à la Guillotière qu'ils ont jadis vivifiée ; demandez aux établissements qu'ils ont sauvés de la failllite ; demandez à la place des Célestins qu'ils ont épousée quand elle était veuve de son théâtre...

GODICHON.

Hélas !...

LE CAFÉ.

Mais vous êtes incrédule, Thomas que vous êtes ! et je vais vous donner des preuves... (*A la cantonnade.*) Paraissez, mes enfants, mes soutiens ; entrez, mes fidèles artistes ; accourez, ténors ignorés, barytons méconnus, contraltos au rabais, basses-tailles dignes d'un meilleur sort ; venez montrer vos talents et confondre vos calomniateurs.

(Entrent trois chanteurs, un jeune homme, une jeune femme et un gros individu.)

ENSEMBLE.

Air de *la Clochette*.

Nous voilà !   (*bis*)
Prêts à nous faire entendre
A la fois.

D'une voix
Ou vigoureuse ou tendre ..
Nous voilà !

GODICHON.

Oh ! oh ! à considérer vos chanteurs, on dirait qu'ils représentent les trois âges de la vie.

LE CAFÉ.

Oui, Monsieur... un homme et une femme de la première jeunesse, et un compère de la quatrième.

Air de Calpigi.

À chacun d'eux son genr', son rôle :
À celui-ci la gaudriole,
À celle-là le sentiment,
À ce gros le couplet ronflant.   (*bis*)
Pour les flonflons et la cadence
Tous trois ont un talent immense,
Car en chantant ils ont le chic
Pour faire chanter le public.

GODICHON.

Allons ! les physiques de vos chanteurs me plaisent assez, et j'avoue que ma vue est satisfaite...

LE CAFÉ.

Votre oreille va l'être aussi, Monsieur... A vous de commencer, fleur des cafés chantants ! à vous l'honneur, belle Jacinthe ! (1)

GODICHON.

Jacinthe ! Si c'est une métaphore que vous faites ou un madrigal que vous adressez à mademoiselle... à votre place, je lui donnerais le nom de la reine des fleurs.

LE CAFÉ.

Une rose, Monsieur ? il n'y en a pas dans les cafés chantants... Une jacinthe, c'est autre chose... témoin la mienne... Écoute-la.

GODICHON.

Je suis tout oreilles.

(Grand air ou romance chantée par la prima-donna.) (2)

LE CAFÉ à *Godichon.*

Eh bien, Monsieur ?

GODICHON.

Pas mal, pas mal, pour un café chantant.

LA FOLIE.

Certes, je connais plus d'une scène de province qui serait heureuse de posséder cette demoiselle.

GODICHON.

Je ne dis pas le contraire... Mais à qui le tour maintenant ?

LE CAFÉ.

A mon chanteur de chansonnettes.

(1. Mlle Hyacinthe est la plus jolie et la meilleure chanteuse des cafés chantants de Lyon.

2 Mlle Feitlinger, deuxième dugazon du Grand-Théâtre, qui a bien voulu se charger de ce rôle, chante chaque soir une romance nouvelle et reçoit des applaudissements mérités.

LE CHANTEUR *costumé en Chinois* (1).

Air : *Vive le roi !* (Paul Henrion.)

Je représente un Chinois,
Pur Chinois,
Vrai Chinois,
Arrivant
Tout vivant
De la Cochinchine,
Loin de Canton,
Son canton,
Par son thé, par son ton,
Par son corps d'avorton,
Par sa maigre échine,
Tout Lyon tour à tour
Le visite chaque jour,
Le publie chaque jour,
Le voit tour à tour.
En pantalon de nankin,
En veste
D'un bleu céleste,
De fabrique de Pékin
Peste !
Que son air est leste !
Dans son établissement,
Sa place de l'Herberie,
Qu'il exerce élégamment
Sa remarquable industrie !

(*Parlé.*) Qu'il est joli, petit, gentil, avec sa tête rasée, ses yeux imperceptibles, ses sourcils absents, ses pommettes saillantes, son front déprimé et son visage couleur de safran. C'est le type de la beauté... asiatique. Aussi, nos Lyonnaises sont folles de cet étranger ; c'est si drôle, si rare, si original, un gaillard qui ne sait pas dire deux mots de français, qui ressemble à un macaque, et qui a sur la boule une queue de trois mètres de longueur !

Je représente un Chinois,
Pur Chinois, etc. (*Reprise.*)
Mais pour un Chinois pur-sang
Faut-il donc tant crier gare ?
Et dans le courant
De l'an
Le bizarre
Fut-il rare ?
Non, car pendant dix longs mois
De tumulte et de panique,
A Lyon, que de Chinois
Sont venus ouvrir boutique !

(*Parlé*) Oh ! oui, nous en avons vu cette année des Chinois !... des blancs, des rouges, des tricolores... des magots tournant la tête à tous vents, des magots à la conscience fragile comme de la porcelaine, des Chinois dont tout le thé ne suffirait pas pour nous aider à digérer les drogues qu'ils nous ont fait avaler...

Je représente un Chinois, etc.

---

(1) M. Laureau imite dans ce rôle le Chinois venu à Lyon cette année et qui tient un magasin de thé et de porcelaine place de l'Herberie.

CODICHON.

Bravo ! Ce garçon est très amusant et fort original.

LE CAFÉ.

C'est assez l'avis du public... Mais écoutez mon chanteur par excellence, mon chanteur à grand effet, le chanteur patriotique, le meuble de fondation au café chantant... Partez, compère ; partez sur l'air ordinaire de *Dis-moi, soldat, dis-moi, t'en souviens-tu ?*

LE CHANTEUR.

Air : *T'en souviens-tu,* etc.

La, la, la, la, la, la, la, la. la gloire !
. . . . guerriers !
. . . . victoire !
. . . . lauriers !
. . . . bataille !
. . . . succès !
. . . . mitraille !
. . . . français !

LE CAFÉ.

Hein ? qu'en dites-vous ?

CODICHON.

Beau ! très beau ! seulement il ne se fait pas bien comprendre.

LE CAFÉ.

Comment ?

CODICHON.

Je n'ai saisi que les mots *gloire* et *victoire, guerriers* et *lauriers.*

LE CAFÉ.

Ces mots suffisent à mon public, mais il n'en demande pas davantage...

CODICHON.

C'est différent...

LE CAFÉ.

Vous nous adoptez donc, mes chanteurs et moi ?

CODICHON.

Pas encore... je verrai... Et puis, si en Icarie il y avait un théâtre, je craindrais qu'un café chantant ne lui fît du tort.

LE CAFÉ.

Allons donc !... Je ne fais du tort qu'à mes consommateurs.

Air : *Tout ça passe.*
A l'aide des doux accents
De cantatrices jolies,
Sur les rafraîchissements
Je fais des économies.
L' vin mélangé, la p'tit' bière,
L' café d' chicorée et les chants,
Romanc's, bavaroise à l'eau claire,
Tout ça passe (*ter*) en même temps.

CODICHON.

Je comprends, c'est une spéculation comme une autre.

LE CAFÉ.

Je vous le répète, Monsieur, avec le café chantant, il y a de l'eau à boire.

LA FOLIE , *riant.*

Parbleu ! les consommateurs en savent quelque chose.

ENSEMBLE.

Nous voilà !
Prêts à nous faire entendre, etc. *(Reprise.)*

(Les trois chanteurs et le café sortent.)

SCÈNE XII.

LES MÊMES, LE THÉATRE DE LA GUILLOTIÈRE.

(Type du vieux mélodrame. Chapeau à la Henri IV, veste courte, ceinture garnie de pistolets et de poignards, pantalon à la mamelouck, bottes jaunes, visage aux épais sourcils et aux longues moustaches.)

GODICHON.

Allons, voilà des chanteurs qui feront leur chemin ; mais que nous veut cet homme ?

LA FOLIE, *riant.*

Il est bien laid, n'est-ce pas ?

LYON.

Il est à faire peur.

LE THÉATRE.

Je fais peur aujourd'hui, je faisais plaisir autrefois.

GODICHON.

C'est impossible, vous avez l'air d'un brigand.

LE THÉATRE.

J'ai l'air de ce que je suis.

GODICHON.

Qui êtes-vous donc ?

LE THÉATRE.

Je représente le théâtre de la Guillotière, ou plutôt je suis le type du vieux mélodrame, du mélodrame, l'enfant gâté de nos pères, du mélodrame, le chef-d'œuvre des *Pixérécourt*, des *Caignien*, des *Cuvelier*, des *Ducange*, le triomphe des *Taulin*, des *Thérigny*, des *Vaises*, des *Jules*, du mélodrame tout bardé de phrases ronflantes, d'énormes tirades, de costumes éblouissants, de décors effrayants... Jadis j'étais riche et magnifique... aujourd'hui je file un mauvais coton.

AIR : *Tout le long de la rivière.*

De toutes les scènes chassé,
Le mélodrame est enfoncé !
Sur chaqu' théâtre, en chaque ville,
Je suis vaincu par l' vaudeville,
Et, victime, hélas ! des destins,
Mis à la port' des Célestins...
Je suis allé terminer ma carrière
En deçà du pont de la Guillotière,
Près du pont de la Guillotière.

GODICHON.

Vous êtes heureux d'avoir trouvé un asile sur vos vieux jours.

LE THÉATRE.

Heureux, moi !...

LA FOLIE.

Bah ! tu te plains injustement, mon vieux mélodrame.

LYON.

Et tu devrais t'estimer heureux d'être encore joué.

LA THÉATRE.

Par-dessous jambes, merci !... Je me souviens trop de mes succès, je suis trop vexé de voir abîmé dans le troisième dessous mon niais, mon traître, ma châtelaine, mon chevalier, mes ballets, mes coups de pistolet et de poignard, mon bruit, mon tapage, mes cris, mes sanglots et mes hoquets... mes hoquets surtout.

Air d'*Aristippe*.

Pour le public j'étais rempli de charmes,
On adorait mes incidents bien noirs ;
Par les torrents, par les fleuves de larmes,
Qui d'un tas d'yeux s'échappaient tous les soirs,
J' faisais mouiller des douzain's de mouchoirs.
Ce temps n'est plus... Malheureux mélodrame !
Au cimetière, hélas ! on m'a conduit
Que je n'avais pas encor rendu l'âme...

GODICHON.

Mais vous aviez, mon cher, rendu l'esprit ;
Oui, vous aviez, ma foi, rendu l'esprit.

LE THÉATRE.

Je n'avais pas d'esprit, c'est possible ; en tout cas, j'avais le sens commun... qualité que n'ont pas les drames modernes. Dans toutes mes pièces, règle générale, au dernier acte les parents se reconnaissaient, le niais riait, l'amant triomphait, le traître expirait, et le public applaudissait.

GODICHON.

Est-ce bien vrai ?

LE THÉATRE.

Demandez aux vieux amateurs si je ne remplissais pas la salle, si je ne faisais pas des recettes fabuleuses... O mes chefs-d'œuvre ! O *Tékéli* ! ô *Montoni et Orsino* ! ô *Enfant de la forêt* ! ô *Chien de Montargis* ! ô *Robert, chef de brigands* ! ô *Hariadan-Barberousse* ! ô *Ruines de Babylone* ! où êtes-vous ?... A propos des *Ruines de Babylone*, veux-tu, vieillard, que je te donne un échantillon de l'intrigue et du style de cette pièce ?

GODICHON.

Je veux bien.

LA FOLIE.

Ça va être drôle.

LYON.

Ça sera peut-être plus intéressant qu'on ne le croit.

LE THÉATRE.

Figurez-vous d'abord que je m'intitule Giaffar et que j'ai été conjoint à la sœur du calife de Bagdad, le célèbre Aroun-al-Raschid... Mais tout en faisant de moi son beau-frère, ce souverain ridicule a eu la bizarre fantaisie de me défendre d'être le mari de ma femme... Comprend-on cette bêtise ?... J'avais le titre sans les honoraires, la place sans les profits, car quand... Où en étais-je ?

GODICHON.

Vous étiez au carcan.

LE THÉATRE.

Ah ! oui ; car, quand j'allais embrasser ma chère moitié, ma Zaïda, toujours un glaive suspendu sur ma tête, toujours une voix terrible bourdonnant à mon oreille : « Regarde, mais n'y touche pas. » Ah ! maudit soit le despote cruel dont le caprice inhumain, en bouleversant les lois éternelles de la raison et de la nature, ravit à un infortuné tout le charme attaché aux titres sacrés d'époux et de père, et le livre, au sein de l'union la plus légitime, à toutes les craintes, à tous les remords qui suivent et accompagnent le crime et la séduction !

CODICHON.

Avez vous fini ?

LE THÉATRE.

C'est une de mes tirades, tu en entendras bien d'autres ; je suis capable de dire quarante lignes de suite sans reprendre haleine.

CODICHON.

Quel coffre !

LA FOLIE.

Quel gosier !

LYON.

Quels poumons !

LE THÉATRE.

Où en étais-je... Ah ! ma consigne auprès de mon épouse... Un jour, non, je me trompe, une nuit, j'eus le malheur de l'oublier.

CODICHON.

Votre épouse ?

LE THÉATRE.

Ma consigne.

CODICHON.

Je comprends.

LE THÉATRE.

Et neuf mois après...

CODICHON.

Je comprends toujours.

LE THÉATRE.

C'est alors que vint se dérouler une série interminable de catastrophes sur ma tête, celles de ma femme et de mon fils.

CODICHON.

Ah ! c'était un garçon ?

LE THÉATRE.

Superbe !... Son rôle était joué par une petite fille... Malheureux enfant ! malheureux père ! Je voulus le transporter à la Mecque pour le mettre sous la protection de Mahomet. Mon cimeterre d'une main et mon moutard de l'autre, j'immole sans pitié tout ce qui s'oppose à mon passage, et je file... Je presse les flancs de mon coursier d'Arabie dans l'espoir de découvrir un toit hospitalier... Nous courons, nous trottons, nous galopons, lorsque ce compagnon fidèle, ou plutôt cette maudite rosse tombe sous moi, faute d'un picotin d'avoine... Alors, je ne fais ni une ni deux, je prends mon fils dans mes bras, et le serrant contre mon cœur, je cherche à lui communiquer le peu de forces qui me restent... Mais une soif de musicien et une faim canine avaient desséché les sources de notre vie ; étendus sur le sable, nous allions périr, quand j'aperçois à mes pieds des dattes.

GODICHON.

Vous voilà sauvés !

LE THÉATRE.

Hélas ! c'étaient celles tracées par la main défaillante d'un voyageur...

LE GODICHON.

Fâcheux incident !

LE THÉATRE.

Enfin, plus loin je découvre un abricotier...

GODICHON.

Un abricotier en Syrie !

LA FOLIE, riant.

Chut !... Le vieux mélodrame ne connaît pas la couleur locale.

LE THÉATRE.

J'arrache à cet arbre fruitier un de ses produits ; j'en exprime le suc que je laisse tomber goutte à goutte sur les lèvres de mon enfant qui était mourant... Cette liqueur bienfaisante le ranime ; il ouvre les yeux, me reconnaît, m'adresse un léger sourire... Il est sauvé ! Je l'emporte et j'atteins le but de mon périlleux voyage !...

GODICHON.

Enfin !...

LE THÉATRE.

Le calife, qui est un rare assemblage de douceur et de férocité, de sensibilité et de barbarie, cède à la voix de la nature à l'avant-dernière scène du troisième acte : il me pardonne, il embrasse ma femme, il caresse mon enfant. La toile tombe au bruit des bravos... de la morale ; c'est que le ciel protége toujours l'innocence, que le crime est toujours puni, que la vertu reçoit toujours sa récompense... Adieu, vieillard, adieu, public ingrat de 1843 ; tu regretteras un jour mes héroïnes innocentes, malheureuses et persécutées ; tu viendras pour m'applaudir aux lieux que j'ai choisis pour exhaler mon dernier souffle, mais il sera trop tard ; j'aurai été foudroyé pour la dernière fois, j'aurai bu mon dernier verre de poison, j'aurai reçu mon dernier coup de couteau... Sur ce coup de temps je retourne m'enterrer à la Guillotière.

Air des *Blouses*.

Oui, c'en est fait, pour moi plus d'espérance ;
Malgré mes pleurs, mes cris et mes vertus,
Aux Célestins, berceau de mon enfance,
Vieux mélodram' je ne reviendrai plus.
Quoi qu'il en soit, ô scène hospitalière
Qui pris pitié de mon malheureux sort,
Je te bénis, théâtr' d' la Guillotière,
Tu fus, après mon naufrage, mon port.

GODICHON.

Sans calembour ?

LA FOLIE.

Le vieux mélodrame ignore les calembours.

LE THÉATRE.

Oui, c'en est fait, etc.   (*Reprise.* — *Il sort.*)

SCÈNE XIV.

LES MÊMES, LA RUE CENTRALE, PUIS LA RUE MERCIÈRE.

(Costume très brillant ; robe lamée d'argent ; elle porte une oriflamme sur laquelle
on lit : *Rue Centrale*.)

LA RUE CENTRALE, *entrant*.

Air : *J'arrive.*

Charmante,
Elégante
Et brillante,
Je plais, séduis,
Je ravis
Et j'enchante ;
J'attire à moi chaque passant,
Et sans rougir je m'offre à tout venant.   *bis.*
Je ne crains aucune rivale
Transversale,
Ou bien latérale ;
Je suis trop belle en vérité !
A moi seule, à moi la Centrale
Tout l'engouement, l'amour de la cité !
Charmante,
Elégante, etc.   (*Reprise.*)

Eh bien ! que dit-on à Lyon de la rue Centrale ?

GODICHON.

Mais que pourrait-on dire, sinon qu'elle est non moins utile que
majestueuse ?

LA VILLE DE LYON.

Que c'est là une de mes créations auxquelles on applaudit le plus ?

LA FOLIE.

Et que pour la tracer on ne m'a pas consultée ?

LA RUE CENTRALE.

Le fait est est que si on eût consulté la Folie, on eût laissé sub-
sister les ignobles ruelles que j'ai remplacées à la satisfaction générale.

LA FOLIE.

Vous aime-t-on vraiment autant que vous le dites ?

LA RUE CENTRALE.

Je ne permets qu'à la Folie de douter de mes paroles.

Air des *Frères de Lait.*

S'il faut ici parler avec franchise,
A tout Lyon j'inspire de l'amour :
Le boutiquier m'adore et me courtise,
Et chaque soir, chaqu' matin, chaque jour
Le promeneur me fait un doigt de cour :
Mais si je loge aujourd'hui l'opulence,
Au riche seul si je donne la main...
Pauvre ouvrier qui m'admir's en silence,
A toi l'espoir de m'habiter demain !

LA VILLE DE LYON.

Allons, belle, jeune et bienfaisante, tu mérites d'être la plus riche de mes rues, et pour ma part je te prédis un succès immense.

LA RUE CENTRALE.

J'espère bien faire la fortune de mes propriétaires et locataires en masse, car sans vanité j'ai tout ce qu'il faut pour ça.

Air : *Quand on est leste et Parisien*.

Digne de la célébrité
Pour mes attraits et ma beauté,
Mon emplacement est vanté;
Je suis l'honneur de la cité.
D'un quartier
Tout entier
Rempli d'obscurité
J'ai fait jaillir la clarté !

Vraiment   (*bis*)
Je suis jeune et belle;
Vraiment   (*bis*)
Mon succès est grand ;
Vraiment   (*bis*)
Chacun m'est fidèle;
Vraiment   (*bis*)
Je plais au passant.
Pleine de charmes et d'attraits,
J'ai réussi dans mes projets ;
Ma victoire est complète,
J'ai vaincu tous mes ennemis.
Mon sol pas à pas fut conquis,
Et j'ai fait place nette.
Aussi, j'ai des amis,
Et bien haut je répète :
Digne de la célébrité, etc.

Bref, je puis me vanter non seulement d'avoir fait du bien à tout le monde, mais encore de n'avoir fait de mal à personne.

LA RUE MERCIÈRE, *entrant*.

(Vieille femme pauvrement vêtue, s'appuyant sur une canne à bec de corbin, portant au bras un sac nommé *ridicule*. Coiffe de soie noire. Robe en loques.)

Oh ! la menteuse ! la vaniteuse ! l'effrontée !

GODICHON.

Bon Dieu ! quelle est cette vieille et misérable femme ?

LA RUE CENTRALE.

Ne faites pas attention, c'est ma rivale, mon ennemie acharnée.

LA RUE MERCIÈRE.

C'est plutôt une pauvre créature, autrefois riche, maintenant pauvre, jadis fréquentée, aujourd'hui délaissée... En un mot, je suis la rue Mercière.

GODICHON.

La rue Mercière !

LA RUE MERCIÈRE.

Ah ! personne ici ne m'a reconnue, personne ne m'a accueillie... C'est tout simple... Je suis vieille, laide, inutile à présent... et l'on m'abandonne, on me fuit, on passe à côté de moi.

LA RUE CENTRALE.

Tiens! chacun son tour n'est pas trop.

LA RUE MERCIÈRE.

Vraiment! Rue Centrale, tu ne crains pas d'invoquer à mon égard un méchant proverbe... Prends garde de l'entendre répéter un jour à ton détriment.

Air : *Comme il m'aimait !*

Chacun son tour. (*bis*)
Souviens-toi, vaniteuse rue,
Que jadis je fus parcourue
Comme toi la nuit et le jour.
En face de la vieille Mercière,
Central', ne fais donc pas la fière.
Chacun son tour. (*quater*)

Chacun son tour. (*bis*)
Après ta beauté, ta jeunesse,
Viendra la laideur, la vieillesse.
On ne te fera plus la cour ;
Comme moi, pauvre et méprisée.
De tous tu seras la risée...
Chacun son tour. (*quater.*)

LA RUE CENTRALE.

Bah ! je ne crains pas vos menaces et je dédaigne vos prédictions.

LA RUE MERCIÈRE.

Ta, ta, ta, tu as beau dire et beau faire, tu vieilliras comme moi... Par le temps qui court, les quartiers des villes ont, comme leurs habitants, leurs révolutions.

LA RUE CENTRALE.

Après tout, est-ce ma faute si je suis plus jolie que vous ?

LA RUE MERCIÈRE.

Non ; mais c'est égal, je te hais, je t'abomine, car tu m'as porté un coup dont je ne me relèverai pas. Tu as ruiné mes marchands, attristé mes locataires ; tu m'as enlevé mes passants... J'étais joyeuse, tu m'as rendue triste ; j'étais de bonne humeur, tu m'as faite maussade... On ne s'apercevait pas de ma vieillesse, tu as fait découvrir mes rides... Rue Centrale, la rue Mercière te maudit !

LA RUE CENTRALE.

Rue Mercière, la rue Centrale te prend en pitié !

Air :
LA RUE MERCIÈRE.
Ah ! c'est trop d'impertinence !
LA RUE CENTRALE.
C'est trop de méchanceté !
LA RUE MERCIÈRE.
Redoute ici ma vengeance !
LA RUE CENTRALE.
Redoute ici ma beauté !
LA RUE MERCIÈRE.
A toi tous les maléfices !
Quand verrai-je de mes yeux
S'écrouler tes édifices,
Tes bâtiments orgueilleux !
LA RUE CENTRALE.
Pauvre Rue à l'agonie,
Défiant en vain le sort,
Ta sinistre prophétie
N'empêchera point ta mort !

3

LA RUE MERCIÈRE.

Ah! c'est trop d'impertinence, etc.

(Reprise ensemble.—Les deux Rues sortent en se disputant avec violence.)

SCÈNE XV.

LES PRÉCÉDENTS, L'ARMÉE DES ALPES (1).

CODICHON.

Oh! mais ces dames vont se battre... Il y aura des cheveux d'arrachés... J'ai envie d'appeler ici la garde nationale.

LYON.

La garde nationale! ne sais-tu pas que depuis cinq mois elle est dissoute?

CODICHON.

Je l'avais oublié.

LYON.

Lyon n'oublie rien.

Air : *Un page aimait la jeune Adèle.*

Oui, ma garde nationale,
Celle qui fut mon soutien, mon honneur,
N'existe plus, et je crie au scandale
Depuis le jour qui vit mon déshonneur ;
Le temps n'est plus où de vaines alarmes
Rendaient mon peuple inquiet, agité...
Et refuser de lui rendre ses armes,
C'est violer sa souveraineté !

LA FOLIE.

D'accord ; mais si Lyon n'a plus de gardes nationaux, la France possède d'autres soldats sur lesquels elle peut compter en tout temps.

LYON.

C'est vrai , tu vas voir.

(La Ville de Lyon frappe du pied le plancher qui s'ouvre.)

CODICHON.

Que faites-vous donc?

LYON.

Ne sais-tu pas que la France n'a qu'à frapper du pied la terre pour qu'il en sorte une armée?

CODICHON.

Quelle armée?

L'ARMÉE DES ALPES, *paraissant.*

(Soldat d'infanterie armé et équipé en guerre.)

L'Armée des Alpes.

CODICHON.

L'Armée des Alpes !

L'ARMÉE DES ALPES.

Oui, mon vieux, la baïonnette au fusil, le sac au dos, les cartouches dans la giberne, comme pour une entrée en campagne... Depuis six mois je n'attends qu'un signal pour passer la frontière et m'élancer en Italie.

______

(1) Scène retranchée à la deuxième représentation de cette revue.

GODICHON.

En Italie !

L'ARMÉE DES ALPES.

Oui, mais ce signal n'arrive pas... Je suis toujours l'arme au bras... et je mords ma moustache de dépit ; je frémis d'impatience, je tremble que l'occasion d'agir soit perdue pour le France.

LYON.

La France est toujours prête à combattre.

LA FOLIE.

Et quand il s'agira de ses intérêts...

L'ARMÉE DES ALPES.

Il s'agit de son honneur, et sachez que la France n'est pas tant un pays de marchands qu'une nation de soldats.

GODICHON.

Il faudrait donc rêver à de nouvelles conquêtes, s'engager dans une lutte interminable ?

L'ARMÉE DES ALPES.

Il faut secourir des frères et délivrer des esclaves.

GODICHON.

Mais les suites d'une guerre d'invasion, y songez-vous ?

L'ARMÉE DES ALPES.

Je ne songe qu'à saisir mes armes et à franchir la frontière.

Air : Un vieux soldat né d'obscurs laboureurs.

A mon pays calme et tranquillité ;
De mon pays séchons toutes les larmes ;
Défendons bien sa sainte liberté ;
Faisons cesser enfin ses craintes, ses alarmes.
Mais pour sauver, pour unir ses enfants,
Pour protéger le sein de notre mère,
Pour que toujours la paix règne au dedans,
C'est au dehors qu'il faut porter la guerre !

GODICHON.

Vous avez peut-être raison.

L'ARMÉE DES ALPES.

Si j'ai raison!... Ah ! si nos gouvernants avaient voulu... si mes généraux avaient reçu l'ordre de marcher en avant, que de périls comprimés ! que de haines éteintes ! que de sang épargné !

LYON.

Hélas !

L'ARMÉE DES ALPES.

Si on savait combien je suis vaillante et aguerrie : si on assistait à mes brillantes manœuvres, à mes exercices ; si on voyait mon aspect martial, on s'écrierait : Avec une pareille armée, la France n'a rien à craindre ; avec une pareille armée, la France est en mesure de faire face à toutes les éventualités possibles ; avec une pareille armée, la France pourra jeter, quand il le faudra, son épée dans la balance.

LA VILLE DE LYON.

Certes !

L'ARMÉE.

Mais non, on ne l'a pas voulu... Je suis restée l'arme au bras, frémissante d'impatience, regrettant de magnifiques destinées... Et quand, couchée sous ma tente, je m'en formais en proie à la désillusion, accablée par la fatigue des marches et contremarches que j'avais inutilement accomplies, je rêvais... et mon rêve accoutumé était celui-ci :

Air du *Rocher de Saint-Aval*.

Loin des confins de ma chère patrie,
Je m'éloignais pleine d'ardeur, d'espoir ;
Le sac au dos, j'entrais en Italie,
J'allais remplir un fraternel devoir.
Du Saint-Bernard je gravissais la route,
Faisant flotter les plis de mon drapeau ;
Des Autrichiens je voyais la déroute,
Je triomphais encore à Marengo !

Plus de razzia, d'escarmouche africaine !
Je combattais un plus digne ennemi ;
Je m'élançais avec mon capitaine
Aux ponts d'Arcole et de Lodi !
Je punissais le crime et le mensonge ;
Milan, Venise avaient la liberté.
Mais mon sommeil finissait... A mon songe
Succédait la réalité.

LA VILLE DE LYON.

Allons, ne pleure pas, Armée des Alpes ; espère un avenir plus heureux.

L'ARMÉE.

Oh ! oui, un jour viendra sans doute où je serai utilisée, où je sortirai d'un repos humiliant, d'une honteuse apathie ; un jour où je m'élancerai en criant :

Air de *la suite Michel et Christine*.

En avant !
Soldats, en avant !
Poussons enfin le cri de guerre ;
Franchissons gaîment la frontière.
En avant !
Soldats, en avant !
Nous irons nous venger
De nos derniers revers, de nos défaites ;
De nos vieilles conquêtes
Nous irons priver l'étranger.
Désormais,
Non, plus de regrets !
Aux Français
Sourit la Victoire.
Les succès,
Les hauts faits,
La gloire
Suivront nos drapeaux pour jamais !
Le soleil
Sans pareil
D'Austerlitz, d'Iéna, des Pyramides,
Doit nous rendre intrépides.
Soldats d'Eylau,
Vous sortez du tombeau !
Au nom de la fraternité,

Nous tarissons toutes les larmes ;
Nous ne faisons servir nos armes
Qu'au triomph' de la liberté !
Nous observons les lois,
Nous protégeons la vieillesse et l'enfance,
Nous frappons l'arrogance,
Nous détrônons tous les despotes-rois !
En avant !
Soldats, en avant ! etc. (*Reprise.*)

(L'Armée des Alpes part vivement en brandissant son fusil.)

SCÈNE XVI.

LES PRÉCÉDENTS, LA CHANSON DE 1848.

CODICHON.

Brrr !... L'Armée des Alpes m'a électrisé ! Je me sens des velléités de combats, de bataille...

LA CHANSON, *paraissant.*

Oh !... Bataille avec moi , jamais ! Du sourire , de la joie, de la gaîté , toujours !

Air : *Non, jamais !*

Me voici ;
J'arrive ici,
Heureuse,
Leste et joyeuse ,
Que l'on soit à ma merci !
Devant moi plus de noir souci !
Je fais fuir le chagrin, je fais fuir le souci !   (*bis*)
A côté de femme jolie,
Devant un succulent repas,
Mon intarissable folie
Offre toujours nouveaux appas.
J'ai pris pour ma devise :
Amour et volupté,
Sincérité, franchise,
Sans-gêne et liberté !

CODICHON.

Quelle est cette jeune et belle dame ?

LA CHANSON.

La Chanson joyeuse, nationale et patriotique de 1848.

CODICHON.

Ah ! vous êtes la Chanson...

LA CHANSON.

Air de *l'Artiste*

Oui, chanter, ça m'amuse ;
C'est ma thèbe ici-bas,
Et, si je ne m'abuse,
Pour tous j'ai des appas.
Ma gaîté les enchante.
Quand sur terre il me mit,
Le bon Dieu me dit : Chante.
Je fais ce qu'il m'a dit.

CODICHON.

Certes ! vous n'engendrez pas la mélancolie.

LA CHANSON.

Air du Vieux Drapeau.

Je suis folâtre ou je suis triste,
Je sais rire ou pleurer, selon
Que je règne dans un salon
Ou dans le grenier de l'artiste.
Enfin, j'ai de mâles accents
Pour guider la gloire française ;
Jadis, avec *la Marseillaise*,
Nos soldats ont vaincu dix ans.

GODICHON.

Peste ! joyeuse, farceuse et belliqueuse, c'est rare... et si à vos qualités répondent vos antécédents...

LA FOLIE.

Oh ! j'espère qu'on ne contestera pas à la Chanson l'ancienneté de ses titres.

LYON.

Et pourtant son règne était passé depuis long-temps.

LA CHANSON.

Mon règne passé ! par exemple ! J'ai bien eu quelques années de repos, mais les patriotes lyonnais m'ont tiré de ma léthargie, et Février a sonné pour moi l'heure du réveil... Qu'on se rappelle les chants que j'ai fait naître, qu'on se souvienne des *Girondins*, de *la Marseillaise*, de *la Lyonnaise*, chantés par nos premiers artistes et répétés par des milliers de voix autour des arbres de liberté... Mais j'oublie qu'on m'attend pour fêter un banquet patriotique... Je vous laisse, car les patriotes avant tout.

(Reprise du premier air d'entrée ; la Chanson sort.)

SCÈNE XVII.

LES MÊMES, LES STATUES D'HOMMES DU PEUPLE DE LA PLACE DU PERRON ET DE LA PLACE DE LA LIBERTÉ.

(Imitation des deux Statues par leur aspect, leurs costumes et leurs armes.— Air des *Girondins* joué en sourdine à l'orchestre; entrent de chaque côté les deux Statues.)

GODICHON.

Quels sont ces deux beaux jeunes gens ?

LA FOLIE.

L'un représente la Statue de la place du Perron.

LA VILLE DE LYON.

L'autre la Statue de la place de la Liberté.

1re STATUE, *prenant la pose qu'elle a sur sa place.*

Oui, sur l'immense et vaste place
Où j'élève mon large front,
Depuis Février, je fais face
Au blanc piédestal d'un Bourbon.
Energique et noble statue,
Au port fier et majestueux,
De haillons quoique revêtue,
J'ai le regard audacieux ;
Chaque passant voit que j'ordonne
Et que je crie à qui voudra :
Sous mes pieds est une couronne,
Voyons, qui la relèvera ?

2ᵉ STATUE, *même pose.*

A l'autre bout de notre ville,
Au cœur de l'antique Lyon,
On a choisi pour mon asile
La haute place du Perron.
De là, montrant ma fière mine,
Levant des yeux pleins de courroux,
Je vois de loin et je domine
Les envieux et les jaloux ;
De là, je surveille en silence
Les ambitieux prétendants,
Et sans craindre leur insolence,
Je dis ces mots : Je vous attends !

(Musique en sourdine à l'orchestre pendant les deux tirades.)

CODICHON.

Oh ! mais tout ce que je vois est étonnant, tout ce que j'entends est surprenant... Il me prend des envies furieuses de renoncer à mon départ.

LA VILLE DE LYON.

Tu ferais sagement.

LA FOLIE.

Par exemple !

LA VILLE DE LYON.

Et d'ailleurs, si tu tiens absolument à voyager, pourquoi, au lieu d'aller en Icarie, ne partirais-tu pas pour l'Afrique française ?... Pourquoi ne suivrais-tu pas l'exemple de ceux qui vont coloniser cette succursale de la France ?

AIR : *Je n'ai pas vu ces bosquets.*

Rappelle-toi ces hommes courageux,
Ces ouvriers nos amis et nos frères.
Suis leur exemple, et dédaigne comme eux
Des bords lointains, peut-être imaginaires...
Soyez heureux, braves colons français,
Tout dévoués à la mère patrie ;
En vous exilant sans regrets,
Vous nous conservez à jamais
Le sol conquis de l'Algérie !
Le sol sacré de l'Algérie !

CODICHON. Le fait est que depuis une heure mes idées ont diablement changé... Mais que j'admire encore ces deux hommes du peuple !... Quel noble aspect ! quelle pose énergique ! Loué soit l'artiste dont le ciseau a créé ces deux statues qui ne sont, hélas ! que provisoires!

LYON. J'espère bien que ce provisoire deviendra du définitif, et que ces statues faites à la hâte de plâtre et de pierre se changeront bientôt en marbre ou en bronze.

CODICHON. Bravo ! Mais d'où viennent ces sons belliqueux ? Que vais-je voir après les créations que j'ai déjà vues?

LYON. La plus belle, la plus merveilleuse de toutes.

CODICHON. Il serait possible !

LYON. Regarde !

(Changement à vue. Le salon modeste fait place à un jardin magnifique.)

SCÈNE DERNIÈRE.

LES PRÉCÉDENTS, LA RÉPUBLIQUE, LA LIBERTÉ, L'ÉGALITÉ, LA FRATERNITÉ (*tous les personnages épisodiques de la revue*).

GODICHON. Que vois-je ! la République !

LA RÉPUBLIQUE (*s'avançant sur le devant de la scène, suivie de la Liberté, de l'Égalité, de la Fraternité et de tous les personnages épisodiques*). Oui, la République avec ses trois filles, la Liberté, l'Égalité, la Fraternité... la République proclamée à Lyon le 27 février... la République, enfin, entourée de tout ce qu'elle a fait naître en 1848 dans la seconde ville de France...

Air de la Citoyenne (Paul Henrion).

Oui, sous mon abri tutélaire,
Venez tous, braves Lyonnais ;
Venez illustrer votre mère
Par vos mérites, vos attraits.
Autour de moi, troupe civique,
Enfants chéris de la cité,
Criez : Vive la République !
Criez : Vive la liberté !

(*bis*)

(*Reprise ensemble.*)

GODICHON. Oh ! décidément, je suis charmé, électrisé, enthousiasmé ! C'est fini, je ne pars plus pour l'Icarie... Je veux vivre et mourir à Lyon, ma belle et bonne ville, mon illustre et antique cité natale.

LA RÉPUBLIQUE. A la bonne heure ! Et en voyant les créations lyonnaises, que chacun répète après moi ce cri : Vive Lyon en 1848 !

TOUS. Vive Lyon en 1848 !

ENSEMBLE.

LA RÉPUBLIQUE.	LE CHŒUR.
Autour de moi, troupe civique,	Autour d'elle, troupe civique,
Enfants chéris de la cité,	Enfants chéris de la cité,
Criez : Vive la République !	Crions : Vive la République !
Criez : Vive la liberté !	Crions : Vive la liberté !

LA RÉPUBLIQUE *au public.*

Air de Teniers.

L'auteur de notre vaudeville,
Poète hélas ! peu fortuné,
Doit bientôt quitter cette ville
Où depuis trente ans il est né ;
Il veut aussi pour les bords d'Icarie
Abandonner nos coteaux pleins d'attraits...
Mais vos bravos, Messieurs, dans sa patrie
Le retiendraient sans doute pour jamais.

(*Reprise des chœurs.*)

FIN.

Mes remerciements sincères et ma vive gratitude aux artistes sociétaires qui ont bien voulu recevoir ma pièce, l'ont montée et mise en scène avec un soin et un luxe remarquables, et l'ont jouée avec leur talent et leur zèle accoutumés.